Gute Besserung!

Herzliche Genesungswünsche
von Ihrer Führungskraft und den Kolleginnen und Kollegen

Herzliche
Genesungswünsche
von Ihrer Führungskraft
und den Kolleginnen
und Kollegen

Gute

Besserung!

Bibliografische Information der Deutschen Nationalbibliothek: Die Deutsche Nationalbibliothek verzeichnet diese Publikation in der Deutschen Nationalbibliografie; detaillierte bibliografische Daten sind im Internet über dnb.dnb.de abrufbar.

Herstellung und Verlag: BoD - Books on Demand, Norderstedt
ISBN: 978-3-7494-5382-5

Gute Besserung!

Inhaltsübersicht:

Ein Blumenstrauß für Sie!

Zwar nur aus Papier, aber trotzdem von Herzen ...

**Dieses kleine Heft sagt „Gute Besserung!"
im Namen Ihrer Führungskraft und der anderen
Team-Mitglieder.**

Es soll dazu beitragen, dass Sie möglichst bald
wieder gesund werden, indem es ein bisschen
Trost spendet, Mitleid ausdrückt, Ihnen Mut
macht – und Sie mit Informationen für Ihre
Rückkehr versorgt.

Denn so viel ist sicher:

**Sie sind wichtig, und Sie werden gebraucht – so
fit wie irgend möglich.**

Das Heft soll Ihnen Kraft schenken und Ihnen gute
Laune bereiten beim Gedanken an Ihre Arbeit
und an die anderen im Betrieb.

Viel Spaß beim Lesen!

Was Ihre Team-Kollegen Ihnen sagen möchten:

" Wir hoffen, dass wir mit diesem kleinen Heft ein bisschen zur Genesung beitragen können.

Alle im Team vermissen Sie und hätten am liebsten, dass Sie ganz bald wieder da sind. Denn: "

Sie fehlen im Betrieb – natürlich.
Aber Gesundheit geht immer vor.

Jeder Mensch ist einzigartig. Niemand ist ersetzbar.

Wenn Sie nicht da sind, fehlt uns ganz besonders
(z.B. Ihr Fachwissen, Ihr Humor, Ihre ruhige Art) …

Das versichern Ihnen die Kolleginnen und Kollegen:

Was Ihre Führungskraft Ihnen sagen möchte:

"

Das Wichtigste sind jetzt erst mal Sie und Ihre Gesundheit.

Vielleicht ist es Ihnen nicht so leicht gefallen, den gelben Schein (also den Zettel vom Arzt mit der Bescheinigung über Ihre Arbeitsunfähigkeit) abzugeben, weil Sie die Kolleginnen und Kollegen nicht hängenlassen möchten.

Vor allem, wenn gerade viel Stress herrscht und womöglich schon andere aus dem Team ausgefallen sind. Vielleicht haben Sie den anderen zuliebe sogar noch länger durchgehalten.

Danke dafür! Jetzt geht es aber erst einmal um Sie – und darum, dass Sie gut auf sich achten.

Der Betrieb läuft weiter, aber wir denken an Sie.

"

Was Ihre Führungskraft Ihnen sonst noch sagen möchte:

„Ich brauche Sie hier – aber ich brauche Sie fit!" ☐

„Natürlich fehlen Sie uns hier. Aber Gesundheit geht vor." ☐

„Mir ist wichtig, dass Sie sich auskurieren." ☐

Außerdem wünscht Ihnen Ihre Führungskraft:

....

....

Unterschrift

Kurieren Sie sich erst einmal richtig aus. Nehmen Sie sich Zeit, um gesund zu werden.

„Wir brauchen Sie hier – aber wir brauchen Sie fit."

Dieser Satz ist nicht so daher gesagt! Nehmen Sie sich die Zeit, die Sie brauchen.

Wenn Sie sich mit dem Kopf unterm Arm ins Team schleppen, ist keinem geholfen.

Wer den Rest des Teams ansteckt oder die eigene Gesundheit durch eine verfrühte Rückkehr gefährdet, hilft niemandem.

Auch wenn die anderen sich noch so sehr über Ihre Mithilfe freuen würden: Sie sollten sich fit genug fühlen, um zumindest wieder sachte einzusteigen.

Und so lange tun Sie, was Ihnen gut tut.

Sie wissen selbst am besten, was Sie brauchen.

Wir alle wünschen Ihnen,
dass Sie genau das auch alles bekommen.

– Und wenn es etwas gibt, das wir tun können, dann lassen Sie es uns wissen.

Wenn Sie Besuch möchten, geben Sie Bescheid.

Wir würden gern den Kontakt mit Ihnen halten. Aber wenn Sie lieber Ihre Ruhe möchten, ist das natürlich auch in Ordnung. Sie sind krank. Sie dürfen natürlich Besuchsangebote ablehnen.

Melden Sie sich einfach, wenn Ihnen danach ist.

Und so lange passen Sie gut auf sich auf und tun genau das, was wichtig ist für Ihre Genesung.

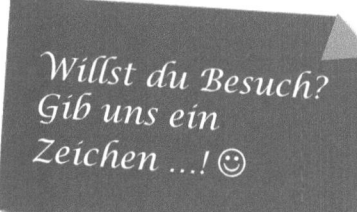

Willst du Besuch? Gib uns ein Zeichen ...! ☺

Was hat in Kindertagen beim Gesundwerden geholfen?

- ❑   die liebe Umarmung der Mama
- ❑   ins elterliche Bett schlüpfen dürfen
- ❑   eine Geschichte vorgelesen bekommen
- ❑   daheim bleiben dürfen
- ❑   das Lieblingsessen zum Mittag
- ❑   der Besuch der Freundin am Nachmittag
- ❑   heiße Milch mit Honig
- ❑   wieder dabei sein wollen in der Schule
- ❑   ....
- ❑   ....

Und Sie wissen auch am besten, was Ihnen gut tut und wie Sie zu Ihrer Genesung beitragen können.

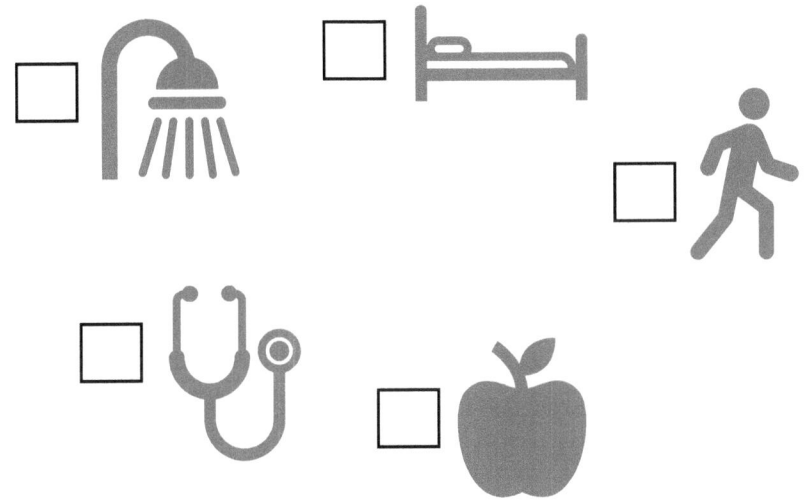

Was tun Sie sonst noch?

....

Das Gemeine am Kranksein

Als wäre es nicht schlimm genug, dass man überhaupt krank ist: Jede Erkrankung kann einen doppelt runterziehen.

Wenn der Körper krank ist, leidet auch die Seele (z.B. ist man schlecht gelaunt). Und wenn es der Psyche nicht gut geht, ist auch der Körper nicht so leistungsfähig wie sonst. Man kann und will nicht.

Es sind immer Körper und Psyche betroffen.

Und man hat so oder so keine Lust auf Kontakt zu anderen, obwohl der einem gut tun könnte. Man glaubt vielleicht, dass man nie wieder arbeiten kann oder überhaupt arbeiten möchte. Man fühlt sich zu schwach. Das ist gemein, aber leider normal.

Kranksein ist jeden Tag anders. Zum Glück gibt es zwischendrin immer auch mal bessere Tage.

Und auch die Genesung verläuft in Phasen. Freuen Sie sich auf den nächsten Tag, an dem Sie eine (vielleicht nur ganz leichte) Besserung spüren.

Sternchen
für die besseren Tage
(oder Minuten)

Damit die etwas besseren Zeiten nicht verloren gehen, können Sie sie hier einzeichnen: Wenn es Ihnen zwischendrin mal etwas besser ging, malen Sie ein kleines Sternchen – und wenn es Ihnen richtig gut ging, einen großen Stern!

Wenn Sie wieder gesund sind ...

Vielleicht möchten Sie sich jetzt schon 3 Dinge überlegen, die Sie unternehmen wollen, wenn Sie wieder fit sind.

Die Vorfreude kann Ihnen Kraft geben und Sie beflügeln.

Selbst wenn das jetzt vielleicht noch pure Phantasie ist:

Stellen Sie sich vor, wie es sein wird, wenn die Erkrankung verschwunden ist und die Gesundheit Sie wieder optimistisch nach vorn schauen lässt:

Wie wird sich das anfühlen?

Worauf freuen Sie sich jetzt schon besonders?

3 Dinge (oder auch mehr ...):

Vielleicht wollen Sie in Zukunft etwas anders machen

Das geht ja vielen Menschen so: Dass sie im Nachhinein sagen, ihre Erkrankung wäre für etwas gut gewesen.

Zum Beispiel weil sie gelernt haben, fortan noch besser auf sich achtzugeben. Das soll nicht heißen, dass sie vorher fahrlässig gehandelt hätten – sondern man reift einfach, auch durch Krankheiten.

Deshalb kann es gut sein, dass Sie in Ihrem Leben ein paar Veränderungen vornehmen möchten.

Jetzt ist vielleicht ein guter Zeitpunkt um dies schriftlich festzuhalten: Wer schreibt, bleibt ...

(Was aufgeschrieben wird, hat zumindest größere Chancen auf Umsetzung).

Was Sie vielleicht verändern möchten oder als Erfahrung mitnehmen:

....

....

....

Und wenn alles so weitergehen soll, wie es war, dann ist das auch in Ordnung.

Falls Ihre Führungskraft motzig reagiert, wenn Sie sich erstmals krankmelden ...

Eigentlich ist das natürlich ein Unding: Sie sind krank, Ihnen geht es nicht gut – und Ihre Führungskraft reagiert unwirsch. Das soll nicht sein.

Aber hey, die hat halt auch Stress dadurch, dass Sie fehlen; vor allem, wenn gerade viel zu tun ist und womöglich auch andere jetzt ausfallen.

Versuchen Sie trotz allem, Verständnis für Ihre Führungskraft aufzubringen.

Geben Sie Ihr die Chance, es besser zu machen und ihre Fürsorglichkeit Ihnen gegenüber zu zeigen.

Zum Beispiel bei der Verlängerung Ihrer Krankmeldung, sofern die nötig sein sollte.

Die Krankmeldung verlängern

Am besten melden Sie sich grundsätzlich direkt bei Ihrer Führungskraft selber krank – und nicht bei Kollegen oder per Mail (das ist ein bisschen feige).

Schließlich muss Ihre Führungskraft umplanen, damit der Betrieb auch ohne Sie weiterlaufen kann. Sie macht sich vermutlich Sorgen um Sie. Und sie möchte Ihnen bestimmt Genesungswünsche mit auf den Weg geben und ihre Anteilnahme zeigen.

Sie müssen nicht sagen, was Sie haben.

Ihre Diagnose dürfen Sie für sich behalten, das wissen Sie. Aber vielleicht können Sie ungefähr abschätzen, wann wieder mit Ihnen zu rechnen ist.

Das ist für Ihre Führungskraft wichtig zu wissen.

Auch die Verlängerung der Krankmeldung sollten Sie nutzen für einen kurzen Kontakt zu Ihrer Führungskraft. Dabei müssen Sie nicht extra klagen. Die glaubt Ihnen auch so, dass Sie krank sind …

Was der gelbe Schein bedeutet

Die Krankschreibung vom Arzt stellt immer nur eine Prognose dar:

Aus medizinischer Sicht ist zu vermuten, dass Sie so und so lange arbeitsunfähig sein werden. Aber niemand steckt in Ihnen drin.

Ob Sie noch unfit sind – das kann Ihnen auch der Arzt sagen. Aber nicht das Gegenteil: Nur Sie selbst können entscheiden, ob Sie wieder fit sind.

Wenn Sie sich früher wieder fit fühlen, können Sie auch eher wieder arbeiten.

Ihr Versicherungsschutz ist trotzdem gegeben, machen Sie sich keine Sorgen.

Kurieren Sie sich aus. Und wenn Sie merken, dass Sie wieder arbeiten können, dann freuen wir uns, wenn Sie schon vor dem Ablauf der AU-Bescheinigung wieder da sind.

Wir werden gern Rücksicht nehmen.

Wie Sie Ihre Rückkehr entspannt meistern

Sie jubeln nicht gerade vor Freude beim Gedanken an Ihren ersten Tag nach der Erkrankung?
Der Gedanke an Ihre Rückkehr bereitet Ihnen vielleicht sogar Beklemmungen?

Es ist völlig normal, ein mulmiges Gefühl zu haben. Machen Sie sich keine Sorgen deswegen.

Schließlich waren Sie eine Zeit lang „draußen", haben Einiges verpasst, das in der Zwischenzeit passiert ist. Da kommt man schlicht und einfach aus der Übung …

Wenn Sie während Ihrer Erkrankung Kontakt halten, wird der Wiedereinstieg leichter.

Vereinbaren Sie am besten schon früh den Termin für das Begrüßungsgespräch mit Ihrer Führungskraft.

Sprechen Sie Ihr Unbehagen an. Sagen Sie, dass es für Sie ein komisches Gefühl ist, wieder im Betrieb zu sein. Das wird Sie etwas entspannen.

Warum Sie das BEM-Gespräch annehmen sollten

Wenn Sie lange krank waren (oder öfter mal für kurze Zeit), bietet Ihnen Ihr Unternehmen* ein sogenanntes BEM-Gespräch an.

Die Abkürzung steht für Betriebliches Eingliederungs-Management, das wissen Sie bestimmt. Der Gesetzgeber ist dazu verpflichtet.

Zwar sind Sie nicht dazu verpflichtet, es anzunehmen, aber Sie sollten es tun. Das ist meine klare Empfehlung.

Gern auch zusammen mit einem Betriebsrat.

Das Ziel besteht darin, Ihre Gesundheit und Ihren Arbeitsplatz zu erhalten – indem letzterer so angepasst wird, dass Sie ihn weiterhin ausfüllen können und dabei gesund bleiben.

Lassen Sie sich diese Chance nicht entgehen.

* in Deutschland

Die Betriebliche Eingliederung (das BEM-Verfahren)

Eine weit verbreitete Möglichkeit, das Betriebliche Eingliederungsmanagement umzusetzen, ist das sogenannte Hamburger Modell.

Hierbei handelt es sich um eine stufenweise Wiedereingliederung. Wer nach langer Zeit die Arbeit wieder aufnimmt, darf erst einmal stundenweise damit starten: Mit 2 Stunden. Und wenn das gut klappt, wird erhöht auf 4 Stunden, dann auf 6, dann auf 8.

Während dieser Zeit gilt man weiterhin offiziell als arbeitsunfähig – und was man in dieser Zeit leistet, ist quasi ein Geschenk der Kassen an den Betrieb.

Denn man erhält keinen Lohn, sondern Krankengeld.

Wenn also noch Schonung nötig ist, oder Sie erst langsam wieder zurückkommen können, sollten Sie das im BEM-Gespräch zur Sprache bringen.

Ihre Kontaktperson fürs BEM

Am besten nehmen Sie schon vor Ihrer geplanten Rückkehr Kontakt zu Ihrem BEM-Beauftragten auf, also noch während der Phase Ihrer Krankschreibung / Arbeitsunfähigkeit.

Name: ....

Telefonnr.: ....

eMail: ....

Das erleichtert Ihnen Ihre Rückkehr ganz sicher, denn es gibt Ihnen das gute Gefühl, mit dem Betrieb in Kontakt zu bleiben und den Wiedereinstieg vorzubereiten.

Was Ihnen sonst noch wichtig ist:

Sie haben Fragen zum BEM oder wollen bestimmte Punkt vorab mit dem Betriebsrat klären? Es gibt etwas, das Sie Ihrer Führungskraft oder Leuten aus dem Team sagen möchten? Damit Sie das nicht vergessen, ist hier noch etwas Platz für Notizen:

....

....

....

....

Ihre Führungskraft freut sich aufs Begrüßungsgespräch und möchte Sie willkommen heißen

Das ist ja das Normalste von der Welt: Dass man kurz „hallo" sagt, nachdem man sich ein paar Tage nicht gesehen hat. Und wenn man länger draußen war, dann dauert eben auch das Gespräch ein bisschen länger.

Ihre Führungskraft will sich halt gut um Sie kümmern. Zum Beispiel will sie wissen, ob Ihre Erkrankung etwas mit der Arbeit zu tun hatte.

Was Sie genau hatten, brauchen Sie natürlich nicht zu sagen. Aber was bei der Arbeit geändert werden muss, damit Sie gesund bleiben, das sollten Sie ihr mitteilen.

Und wenn noch Schonung nötig ist, sollten Sie das ebenfalls zur Sprache bringen. Wenn Ihre Führungskraft im Stress ist, werden Sie einfach selbst aktiv:

Suchen Sie von sich aus das Willkommensgespräch!

1. Hallo Chef/in,
   ich bin wieder da!

2. Es hatte etwas mit der Arbeit
   zu tun: Hier zieht's!
   Wäre gut, wenn Sie daran
   etwas ändern könnten.

3. Ich bin noch nicht wieder
   zu 100% fit und freu mich,
   wenn ich es langsam
   angehen kann. Okay?

4. Was hab' ich denn alles
   verpasst?

Gut fürs Team-Klima:
Wie Sie einfach danke sagen ...

Damit die Kolleginnen und Kollegen sehen:

Sie wissen das zu schätzen, was die anderen in Ihrer Abwesenheit für Sie getan haben –

vielleicht haben sie Ihre Kunden versorgt, Ihre Aufgaben teilweise übernommen, Ihre Fälle bearbeitet.

In vielen Fällen haben die anderen Mehrarbeit geleistet, damit der Betrieb weiterlaufen konnte.

Das ist nicht selbstverständlich.

Sagen Sie danke – zum Beispiel mit einem Kuchen oder mit einer schönen Karte, auf die Sie schreiben können: „Ich weiß, dass ihr für mich mitgearbeitet habt – dafür möchte ich euch danke sagen!"

Wie möchten Sie sich bei Ihrem Team bedanken?

Vielleicht fällt Ihnen noch etwas ganz Anderes ein, wie Sie „danke" sagen können. Dann können Sie Ihre Ideen hier notieren:

....

....

....

„do care!"
Das heißt: Kümmern Sie sich!

Und fangen Sie damit bei sich selbst an.

Geben Sie in dieser Zeit besonders gut auf sich acht. Das haben Sie sich verdient, ganz sicher.

Für manche Menschen kann eine Erkrankung die Chance bieten, zu sich selbst zu finden.

Manche haben lange Zeit nur wenig darauf geachtet, was ihnen gut tut und was sie wirklich wollen. Das können sie jetzt vielleicht nachholen.

Und für manche kann auch eine Zeit des Rückzugs sinnvoll sein, um sich danach wieder um so stärker und lebenslustiger zu fühlen und wieder mehr in Kontakt zu gehen.

Vielleicht haben Sie ja dann auch Lust, sich um die anderen zu kümmern. Viel Freude dabei!

Und: Alles Gute für Sie! ☺

Wer bin ich?

Mein Name ist
Anne Katrin Matyssek.

Ich beschäftige mich schon ziemlich lange
mit Wohlbefinden in der Arbeitswelt.

Auch aus eigener Erfahrung weiß ich, wie
schwer das Arbeiten sein kann, wenn man
krank ist. Wie blöd es sich anfühlt, nicht
arbeiten zu können – und wie gut es tut,
wenn die Kolleginnen und Kollegen einen
nicht vergessen; und wenn vielleicht sogar
die Führungskraft den Kontakt hält. Dann
geht das mit dem Gesund-Werden und
-Bleiben viel leichter. Dazu möchte ich mit
diesen Heften beitragen. Passen Sie gut
auf sich auf.

do care!

Diese Heft-Reihe und mehr

Ab 200 Exemplaren können Sie dieses Heft auch als Sonderausgabe für Ihr Unternehmen bestellen: Mit Ihrem Vorwort und Ihrem Cover). Zu dieser Reihe gehören außerdem ergänzende Hefte:

Wenn einer fehlt ... Teil 1

Tipps für Führungskräfte
zum Umgang mit ihrem Team bei Fehlzeiten, Krankheit und Rückkehr

Wenn einer fehlt ... Teil 2

Tipps für Team-Mitglieder
zum Umgang mit Stress, Fehlzeiten, Krankheit und Wiedereingliederung

Wenn einer fehlt ... Teil 3

Tipps für Personaler/innen
zum Umgang mit Führungskräften beim Thema Fehlzeiten, Krankheit / Rückkehr

Mehr auf: **www.do-care.de**